BERICHT AUS PALÄSTINA

Text und Zeichnung: Maximilien Le Roy

Dank der Freundschaft mit محمود ابو سرور

und der Mithilfe von Maya Mihindu

EDITION MODERNE

Für Priscilla Bouhadra

«Ich wischt´über des Werktags Karte, Farbspritzer aus dem Becher flogen.»
Wladimir Majakowski

«Die Qualität eines Menschen misst sich an seiner Maßlosigkeit; versucht, probiert, scheitert gar, das wird Euer Erfolg sein.»
Jacques Brel

ISBN 978-3-03731-091-5

© 2010 Casterman, Bruxelles. All Rights reserved.
© 2012 Verlag bbb Edition Moderne AG für die deutschsprachige Ausgabe

Edition Moderne, Eglistrasse 8, CH – 8004 Zürich
post@editionmoderne.ch
www.editionmoderne.ch

Herausgeberin: Anja Luginbühl
Redaktion: David Basler, Anja Luginbühl
Übersetzung: David Basler
Lektorat: Heike Drescher
Gestaltung Umschlag: Roli Fischbacher
Herstellung: Joe Zimmermann
Druck: Casterman, Belgien

Für die finanzielle Unterstützung danken wir dem Edition Moderne Fanclub:
Christoph Asper, Gerold & Gaby Basler-Bolle, Thomas Eppinger, Jürgen Grashorn, Beatrice Hauri & Werner Beck, Hans-Joachim Hoeft, Stephan König, Claude Lengyel, Marius Leutenegger, Erich Merk, Sara Plutino, Christian Schmidt-Neumann, Sequential Art Rostock, Johannes Seybert, Aloys Stary, Hartwig Thomas, Roman Tschopp, René Zigerlig.

Dieses Buch erscheint im Rahmen des Förderprogramms des französischen Aussenministeriums, vertreten durch die Kulturabteilung der französischen Botschaft in Berlin.

Vorwort

Mahmoud ist wie jeder Gefangene: eingeschlossen durch die Mauer streunt er in seinem Inneren umher.
Den Kopf voller Träume und Gedanken, nutzt er jeden Winkel seines Herzens und seines Geistes, um sein Gedächtnis darin herumvagabundieren zu lassen. Stundenlang spricht er mit sich selbst und erzählt sich immer wieder die Geschichte, die das aus ihm gemacht hat, was er heute ist: ein palästinensischer Flüchtling, eingeschlossen hinter Stacheldraht und einer Betonmauer, im Schatten der Wachtürme der Besetzung.

Manchmal bekommen die Gefangenen Besuch. Besonders angetan ist Mahmoud vom Besuch der schönen Ausländerinnen, doch auch männlichen Besuchern öffnet er seine Tür, wie jenem jungen Zeichner aus Frankreich, der es versteht, hinzusehen und zuzuhören. Auch Mahmoud zeichnet: Mit seinen Stiften zeichnet er Bilder einer unerreichbaren Freiheit. Neben dem Zeichnen lieben beide das endlose Diskutieren, über Gott und die Welt.

Wie so viele schöne Bücher entstand «Die Mauer» anlässlich einer schönen Begegnung. Maximilien Le Roy und Mahmoud Abu Srour waren beide genau 22 Jahre alt, als sie sich kennenlernten. Heute sind sie nicht wesentlich älter, und genau das fällt einem zuerst auf: die Jugendlichkeit des Autors und seines Protagonisten und ihre offensichtliche Wesenseinheit. Und überhaupt, heißt der Autor dieses Buches wirklich Maximilien Le Roy? Man gerät ins Zweifeln, weil er seinem Freund so viel Raum gibt, sich zu äußern. Das ganze Talent des einen steht im Dienst der Geschichte des anderen. Und wenn dies alles so authentisch klingt, dann weil man sich die beiden gut vorstellen kann, wie sie die Sätze des anderen fertigschreiben, die Skizzen überarbeiten, den Strich präzisieren.

Zusammen reißen diese beiden «M», Maximilien und Mahmoud, auf symbolische Art nicht nur die Mauer um Palästina ein, sondern auch alle Mauern, die Menschen einsperren und voneinander trennen.

Simone Bitton

Simone Bitton, Regisseurin und Autorin der Dokumentarfilme «The Wall» (2004) und «Rachel» (2008), hat in Rabat, Jerusalem und Paris gelebt. Sie besitzt die israelische und französische Staatsbürgerschaft, doch sie bezeichnet sich als polyglotte arabische Jüdin, die Mauern und Grenzen hasst.

WASCHMITTEL
EIS
SÜSSIGKEITEN
GETRÄNKE
TOILETTENPAPIER
GEWÜRZE ...

DAS IST MEINE WELT.

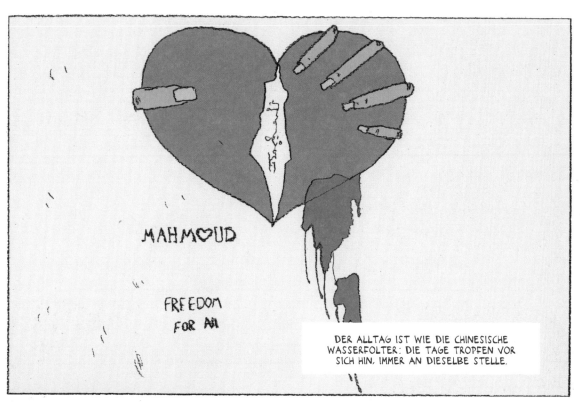

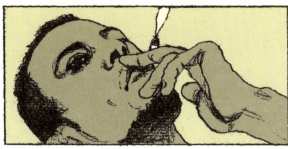

ICH KOMME OFT HIERHER. ALS KIND HABE ICH HIER STUNDENLANG GESPIELT, GANZ ALLEIN.

DANN WURDE DIESES GEBIET ANNEKTIERT.

VIELE AUS DEM WESTEN REISEN REGELMÄSSIG DURCH DAS LAGER: JOURNALISTINNEN, FOTOGRAFINNEN, MITARBEITERINNEN VON NGO'S ...

WENN ICH AN ALL DIESE STERNE DENKE, DIE ICH HABE VORBEIZIEHEN SEHEN: AUGEN AUS RUSSLAND, BLONDES HAAR AUS NORWEGEN, EIN NACKEN AUS SPANIEN ...

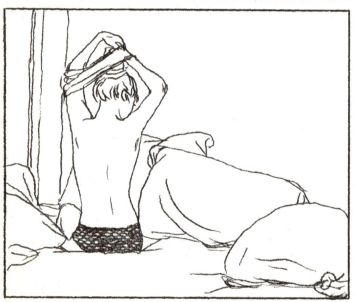

VOR EIN PAAR JAHREN HABE ICH EINE JUNGE ISRAELIN KENNENGELERNT.

SARAH ENTFLAMMTE ALLES UM SICH HERUM.

ABER IHR VATER KONNTE MUSLIME NICHT AUSSTEHEN. WENIGER KÜHN ALS JULIA, ENTLIESS SARAH IHREN ROMEO AUS IHREN FÄNGEN. ICH SCHLUG EIN NEUES KAPITEL AUF.

MENSCHEN AUS DER GANZEN WELT SIND GEKOMMEN, UM IHRE SOLIDARITÄT ZU BEKUNDEN.

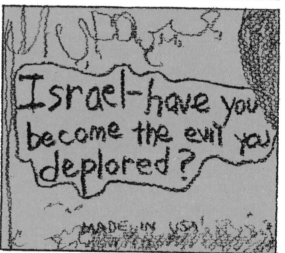

ES SCHEINT, ALS HÄTTE DIE MAUER KEINE OHREN, UM SIE ZU HÖREN.

ARMENIER, UNGARISCHE UND POLNISCHE JUDEN, SPANIER, ITALIENER...

ALLE VEREINT FÜR DIE FREIHEIT.

MAN HAT MIR ERZÄHLT, DASS WÄHREND DES ZWEITEN WELTKRIEGES AUSLÄNDER AUF FRANZÖSISCHEM BODEN EIN WIDERSTANDSNETZ AUFGEBAUT HABEN, UM GEGEN DIE DEUTSCHE BESETZUNG ZU KÄMPFEN.

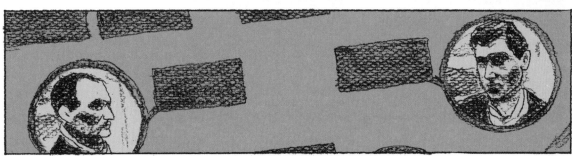

SIE WURDEN ERSCHOSSEN.

WIE DIE MÄNNER AUS ALLER WELT, DIE IN SPANIEN DEN FASCHISMUS BEKÄMPFTEN.

WIE DIE MENSCHEN, DIE ÜBERALL GEGEN DIE INVASION IM IRAK PROTESTIERTEN.

WIE DIE, DIE SICH MIT DEN VIETNAMESEN SOLDARISIERTEN.

WIE JENE, DIE JUDEN VERSTECKTEN UND SO IHR LEBEN RISKIERTEN.

WIE DIE, DIE SICH GEGEN DIE APARTHEID IN SÜDAFRIKA ERHOBEN.

UND WIE DIE, DIE VON EINEM FREIEN, UNABHÄNGIGEN ALGERIEN TRÄUMTEN...

NACH ABSCHLUSS DER BAUARBEITEN SOLL DIE «MAUER» ÜBER 700 KM LANG SEIN.

ES SIND NOCH TEILE IM BAU...

... ANDERE SCHEINEN NUR STELLENWEISE DICHT.

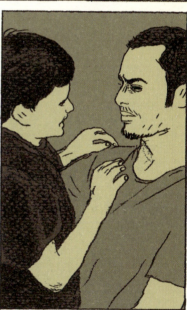

TERRORIST

T-E-R-R-O-R-I-S-T

ICH WETTE, DASS DIESE NEUN BUCHSTABEN IN MEINEM BLUT HERUMSCHWIMMEN. BLUT, DAS ICH ANGEBLICH VERGIESSEN WILL, NUR WEIL ICH PALÄSTINENSER BIN.

ES MÜSSTE GESETZLICH VERORDNET SEIN, ALLE NEUGEBORENEN «TERRORIST» ZU NENNEN.

EINE TURBAN TRAGENDE MASSE, DIE MIT BOMBEN GESÄUGT WURDE: SO SIEHT UNS DIE «ZIVILISIERTE» WELT.

EIN PALÄSTINENSISCHER AUTOR, RAJA SHEHADEH*, HAT FOLGENDE BEMERKENSWERTE PASSAGE IN SEIN TAGEBUCH GESCHRIEBEN:

*SIEHE S. 104

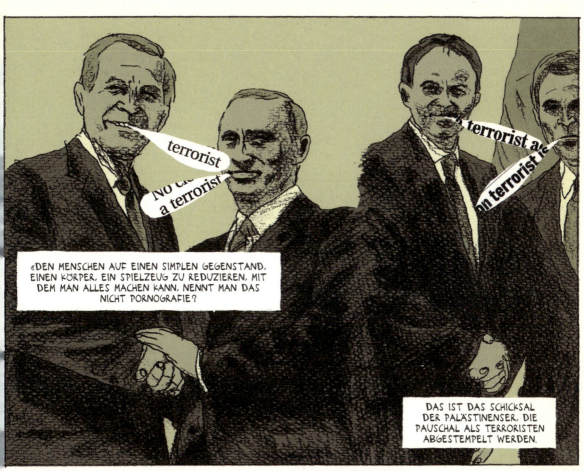

DAS IST ZU KURZ GEDACHT.

MENSCHEN AUS DER MENSCHHEIT AUSZUSCHLIESSEN IST BEQUEM: FÜR SIE GIBT ES KEINEN PLATZ MEHR, ES SIND ALLAHS NARREN, ZU «UNMENSCHLICH», UM ZU «UNS» ZU GEHÖREN.

«ICH ENTGEGNETE, DASS DER STAAT FÜR DIE GEWALT VERANTWORTLICH IST UND DASS ES STETS DER UNTERDRÜCKER, NICHT DER UNTERDRÜCKTE IST, DER DIE FORM DES KAMPFES BESTIMMT. GREIFT DER UNTERDRÜCKER ZUR GEWALT, BLEIBT DEM UNTERDRÜCKTEN KEINE WAHL, ER MUSS MIT GEWALT ANTWORTEN.» NELSON MANDELA, HELD DES KAMPFES GEGEN DIE APARTHEID.

DER AMERIKANISCHE KONGRESS HAT IHN ERST VOR KURZEM VON DER TERRORLISTE GESTRICHEN.

DER BEGRIFF «TERRORIST» IST HEUTE VÖLLIG SINNENTLEERT, NACHDEM ER FÜR ALLES MÖGLICHE HERHALTEN MUSSTE.

ICH HABE EINEN FILM ÜBER EINEN FRANZÖSISCHEN MÄRTYRER NAMENS JEAN MOULIN GESEHEN. DIE DEUTSCHEN HABEN IHN WOHL KAUM SO GENANNT...

ICH WEISS, MAN HAT ES MIR BEREITS GESAGT. DIE RESISTANCE GRIFF NUR SOLDATEN AN.

ABER WAS, WENN DIE DEUTSCHEN ÜBERALL DEUTSCHE SIEDLUNGEN AUF FRANZÖSISCHEM BODEN GEBAUT HÄTTEN?

BETHLEHEM, 2002.

SCHON WIEDER?

MAHMOUD, ICH WERDE MICH IN DIE LUFT JAGEN...

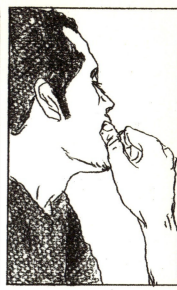
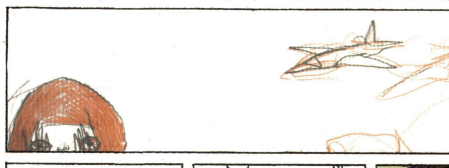

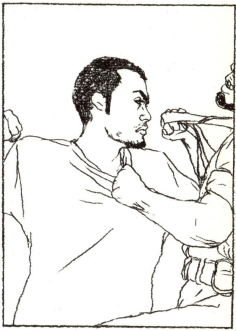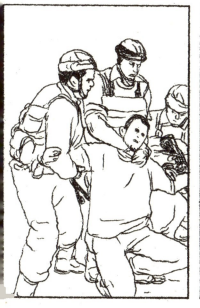

UNSER HANDLUNGSFELD IST IM INNERN BLOCKIERT. WIR MÜSSEN MIT ALLEN MITTELN BRÜCKEN ZUR AUSSENWELT BAUEN: KONFERENZEN, FILME, BÜCHER BLEIBEN DIE EINZIGEN OPTIONEN, UM DIE INTERNATIONALE ÖFFENTLICHKEIT ZU SENSIBILISIEREN, IN DER HOFFNUNG, DASS SIE IHRERSEITS DRUCK AUF DIE NATIONALEN REGIERUNGEN AUSÜBT.

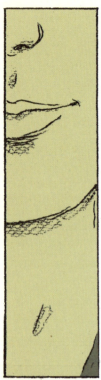

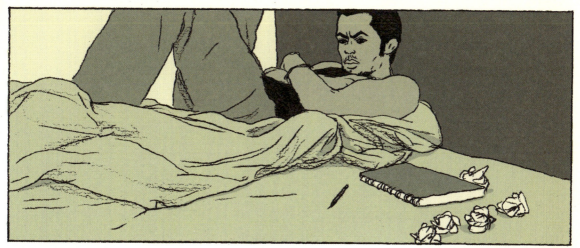

ALS KIND VERBRACHTE ICH STUNDEN AUF BÄUMEN UND ERFORSCHTE DEN HIMMEL.

MEIN VATER NANTE MICH «ADLER».

MEIN VATER WAR SECHS JAHRE ALT, ALS DIE UNO-GENERALVERSAMMLUNG 1947 DIE TEILUNG PALÄSTINAS BESCHLOSS.

EUROPÄISCHE JUDEN KAMEN ZU TAUSENDEN.

EIN JAHR SPÄTER WURDE DER STAAT ISRAEL AUSGERUFEN.

ARABISCHE STAATEN ERKLÄRTEN ISRAEL 1949 DEN KRIEG UND VERLOREN IHN.

WIE 700 000 ANDERE PALÄSTINSENSER MUSSTEN MEIN VATER UND SEINE FAMILIE AUS IHREM DORF FLÜCHTEN.

WIR SPRECHEN VON «NAKBA», DER «KATASTROPHE».

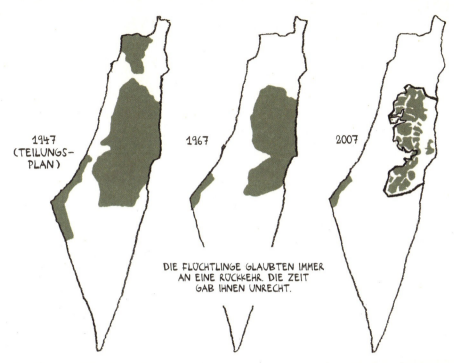

1947
(TEILUNGS-
PLAN)

1967

2007

DIE FLÜCHTLINGE GLAUBTEN IMMER AN EINE RÜCKKEHR. DIE ZEIT GAB IHNEN UNRECHT.

DIE ZELTE WURDEN ZU STEINHÄUSERN.

MEINE FAMILIE KAM IM FLÜCHTLINGSLAGER AIDA UNTER. DORT LERNTE MEIN VATER MEINE MUTTER KENNEN.

UND ICH WURDE 1985 GEBOREN.

Welcome to Aida Camp – 1948...

VORHER KANNTE ICH NUR SOLDATEN, JETZT WAREN ES NAMEN UND SCHICKSALE.

MATAN, FRANK, DAVID, SHLOMO... SIE BRACHTEN MIR HEBRÄISCH BEI.

SEIT DIE MAUER DA IST, HABE ICH SIE NICHT MEHR GESEHEN.

DAMALS HABE ICH AUCH BEGRIFFEN, DASS ISMAEL UND ISAAK, DIE BEIDEN SÖHNE ABRAHAMS, DIE VÄTER DER JUDEN UND ARABER WAREN...

... UND DASS WIR EIGENTLICH COUSINS SIND.

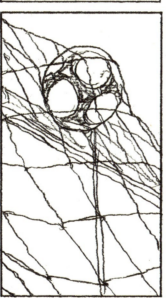

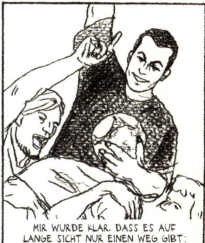

MIR WURDE KLAR, DASS ES AUF LANGE SICHT NUR EINEN WEG GIBT: EIN GEMEINSAMER STAAT, IN DEM MOSLEMS, JUDEN, CHRISTEN UND ATHEISTEN GLEICHBERECHTIGT ZUSAMMENLEBEN.

ICH BRAUCHTE JAHRE, UM DIESES «WIR» AUFZUBAUEN, DAS SICH EINES MORGENS IN NICHTS AUFLÖSTE.

BEVOR SIE GINGEN, «KÜSSTEN» SIE MEINEN VATER.

KURZ DARAUF WURDE EINE ISRAELISCHE SIEDLUNG AUF UNSEREM GRUNDSTÜCK GEBAUT.

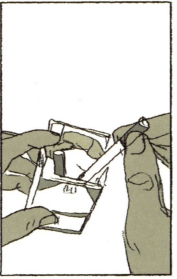

DASS ES OPFER GIBT, IST EINE TATSACHE. SICH IN DER OPFERROLLE ZU SUHLEN, IST EIN FEHLER.

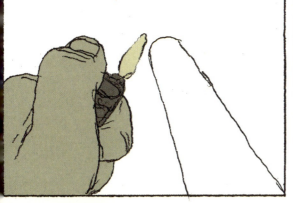

ICH WILL KEIN MITLEID. WER WEINT, KANN SICH NICHT AUFRICHTEN, WER JAMMERT, NICHT KÄMPFEN.

MAN SOLL DIE OPFER NICHT ZU HEILIGEN MACHEN. DENN WER HEUTE OPFER IST, KANN MORGEN ZUM TÄTER WERDEN, DAS SOLLTE MAN SICH VOR AUGEN FÜHREN.

ICH WILL KEINE BARMHERZIGKEIT, DENN DABEI FEHLT JEDE GLEICHWERTIGKEIT. DIE JUSTIZ HINGEGEN ERFÜLLT DIE VORAUSSETZUNG DER AUSGEWOGENHEIT.

ICH PFEIFE AUF FINANZIELLE WIEDERGUTMACHUNG. MAN KANN WEDER EIN HERZ KAUFEN NOCH DAS GEDÄCHTNIS VERSCHERBELN.

EINES IST SICHER: GROLL IST WÜRDELOS UND HASS ERNIEDRIGT.

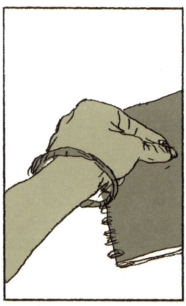

ICH SCHLAFE NICHT GERN IN EINEM BETT.

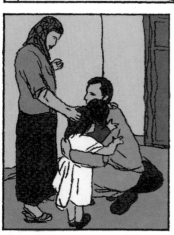

NACH VIER STUNDEN WARTEZEIT UND EINEM EINSTÜNDIGEN VERHÖR LASSEN SIE MICH FREI.

SIE LEGEN EINE AKTE VON MIR AN.

SOLLTE ICH NOCH EINMAL BEIM ZAUN ERWISCHT WERDEN, DROHEN SIE MIR MIT GEFÄNGNIS.

MAN MUSS SCHON ZUGEBEN: DIE ISRAELIS SIND WIRKLICH GESCHICKT.

SIE HABEN DIE MAUER UND DIE SIEDLUNGEN VON DEN PALÄSTINENSERN SELBST BAUEN LASSEN.

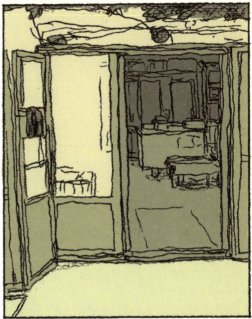

EPILOG

STELLT EUCH VOR, PARIS, LAS VEGAS ODER TEL AVIV WÜRDEN VON FLUGZEUGEN BOMBARDIERT.

STELLT EUCH VOR, INNERHALB VON DREI WOCHEN WÜRDEN 1400 MENSCHEN GETÖTET, DARUNTER 300 KINDER UND ÜBER HUNDERT FRAUEN.

STELLT EUCH VOR, DASS DIE MEISTEN LÄNDER DER WELT DAZU NICHTS GESAGT ODER ENTSCHULDIGUNGEN FÜR DIE MÖRDER GESUCHT HÄTTEN.

UNVORSTELLBAR, NICHT?

GENAU DAS IST VON DEZEMBER 2008 BIS JANUAR 2009 PASSIERT... IM GAZASTREIFEN.

ICH KONNTE NICHT VOR DER GLOTZE SITZEN, WÄHREND MEINE LANDSLEUTE IM GHETTO VON GAZA ERMORDET WURDEN.

EIN MANTELGESCHOSS HAT MICH AM KNIE VERLETZT.

DIE POLIZEI DER PALÄSTINENSISCHEN AUTONOMIEBEHÖRDE, HAT UNS DEMONSTRANTEN VERHAFTET.

SIE TRIEBEN ES SO WEIT, MICH EINE NACHT IM GEFÄNGNIS ZU BEHALTEN.

ZWEI MONATE SPÄTER FAND ICH EINE NEUE ARBEIT ALS ZEICHENLEHRER.

Ein Fotoalbum von
Mahmoud
Abu Srour

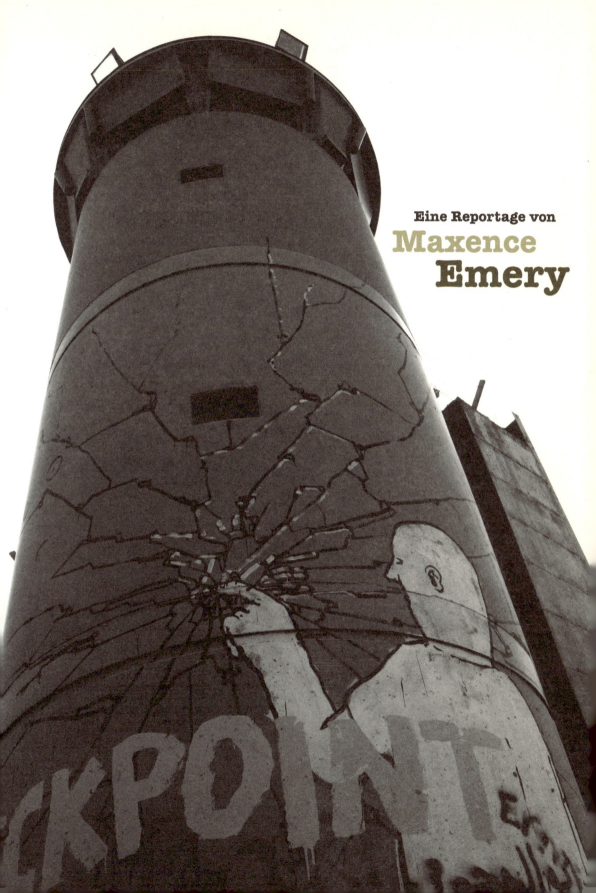

Mauer entlang des Flüchtlingslagers Aida.

Links eine Kopie von Pablo Picassos «Guernica».

Ein Graffiti des engl. Künstlers Banksy (http://www.Banksy.Co.Uk/).

Ende des Ramadan die Kinder spielen in den Gassen des Flüchtlingslagers Aida mit Plastikpistolen in der Hand.

Kleine Kirmes in einem palästinensischen Viertel in Jerusalem.

Checkpoint 300 in Bethlehem, der Zugang zum Flüchtlingslager. Er ist einer von zwölf Übergängen um Jerusalem. «Seit die Mauer gebaut wurde, stirbt Bethlehem, Symbol des Christentums, Geburtsstadt von Christus, langsam vor sich hin.»

(Des murs entre les hommes von A. Novosseloff und F. Neisse)

Hebron. 500 ultraorthodoxe israelische Siedler leben unter dem Schutz von 2500 Soldaten unter 170 000 Palästinensern. «Ignoriert von den Medien, unter dem Schutz der Armee und der Polizei, gehen die täglichen Belästigungen weiter. (...) Man wird eine Geisterstadt entdecken. Hunderte von verlassenen Häusern, wie nach einem Krieg, Dutzende von zerstörten und verbrannten Läden, die Türen versiegelt durch die Siedler, und überall herrscht Totenstille.» (Gideon Levy, israelischer Journalist)

Eine israelische Siedlung. Im Westjordanland leben rund 280 000 jüdische Siedler in über 100 Siedlungen. 200 000 weitere wohnen in Ostjerusalem.

Wöchentliche Demo im Dorf Bil'in gegen die Mauer und die Besetzung.

Anlässlich meiner Reportage wurde ich auf dieser Demonstration von der israelischen Armee festgenommen. Nach zehn Stunden Haft wurde ich freigelassen. Ein militanter israelischer Pazifist aus Tel Aviv, der mit mir verhaftet wurde, beherbergte mich für die Nacht.

September 2009.

Ein Gespräch mit Alain **Gresh**

> **In Ihrem Buch «Israel – Palästina: Hintergründe eines Konflikts» schreiben Sie, dass Sie den «Nahen Osten im Herzen» tragen. Können Sie dies zuerst einmal erläutern?**

Das hat natürlich mit meinem persönlichen Lebensweg zu tun. Ich wurde 1948 in Ägypten geboren, wo ich bis zu meinem 14. Lebensjahr aufwuchs. Ich besaß die ägyptische Staatsangehörigkeit, meine Mutter stammte aus einer jüdisch-russischen Familie. Zu Hause sprachen wir Französisch. Gerade die Jahre 1948 bis 1962 waren ja eine sehr bewegte Zeit in der ägyptischen Geschichte. Es begann mit dem Sturz der Monarchie im Jahre 1952, dann folgte die Machtübernahme durch Nasser zusammen mit den «Freien Offizieren», die Verstaatlichung des Suezkanals 1956 und der darauf folgende Krieg, den wir Dreifrontenkrieg nannten: Israel, Großbritannien, Frankreich – Ägypten. Diese Ereignisse haben mich natürlich geprägt. Auch später, als ich mich in Frankreich niederließ – meine Kultur war die französische und Frankreich war meine Heimat –, blieb ich dem Nahen Osten stark verbunden. Zumal er spätestens seit dem Krieg von 1967 ins internationale Interesse gerückt ist und bis heute die politischen Debatten prägt.

> **«Mit meinem Bruder gegen meinen Cousin, mit meinem Cousin gegen die Fremden.» Sie verweigern die «primäre Solidarität», wie Sie es nennen. Régis Debray hingegen spricht davon, «unsere DNA-Ketten durchzuschütteln», die «Chromosomen zu täuschen», um «etwas Neues aus dem WIR zu machen». Wie stehen Sie zu diesem sogenannten internationalistischen Gedankengut?**

Es ist wahr, dass wir mit der Idee aufgewachsen sind, nicht nur der französischen Nation anzugehören, sondern vor allem der Menschheit. Ich kann mich nicht erinnern, dass sich in den 60er Jahren, als ich Student und politischer Aktivist war, irgendjemand Fragen zu seiner Religion oder seiner ethnischen Herkunft stellte. Wir erklärten uns solidarisch mit dem Kampf in Vietnam, der meine Generation geprägt hat. Bei den Linken herrschte eine internationalistische Ideologie vor, die unser Interesse an den Ereignissen in Lateinamerika weckte und uns, nach dem Putsch in Chile und Allendes Sturz 1973, betroffen machte.

Damals scherten wir uns nicht um Nationalität oder «Rasse», wir setzten uns für schwarze Südafrikaner, arabische Palästinenser oder christliche Lateinamerikaner ein. Doch dieser Standpunkt wurde nicht von allen vertreten. Auch in Frankreich gab es 1967 ethnisch begründete Spannungen zwischen Juden und Arabern, doch die waren sekundär. Anfang der 80er Jahre haben wir einen herben Rückschlag erlebt, der von der Desillusionierung durch die gescheiterten Befreiungskämpfe in der Dritten Welt, der Krise in den sozialistischen Ländern und der kommunistischen Parteien herrührte: Die «ethnischen» (ich mag dieses Wort nicht, denn es suggeriert, dass die Unterschiede zwischen den Menschen naturgegeben sind) und «religiösen» Wurzeln wurden wiederentdeckt. Insbesondere davon betroffen war die jüdische Gemeinschaft, aus der viele führende Intellektuelle der radikalen Linken stammten. Diese Wiederentdeckung der jüdischen Identität verlief parallel zu einer Identitätssuche, die regional gelagert war, wie beispielsweise die der Bretonen in Frankreich. Das war an und für sich nicht anstößig, doch das änderte sich, sobald die Zugehörigkeit zu einer Gruppe über das Recht erhoben wurde: «Lieber meine Mutter als das Gesetz.» Dieser Gedanke ist mir fremd, ja sogar unverständlich.

«Man kann nicht über der Sache stehen; neutral bleiben zu können ist eine Illusion», sagen Sie. Der objektive, ausgewogene Journalismus wird regelmäßig gelobt. Wie sehen Sie den Zusammenhang zwischen Information und Subjektivität?

Objektivität ist schwer zu definieren. Wenn wir als sinnbildhaften Konflikt den Zweiten Weltkrieg zwischen den Nazis und den demokratischen und kommunistischen Kräften nehmen, haben wir einen Kampf zwischen Gut und Böse. Das ist wohl einer der klarsten Konflikte. Aber dies entschuldigt nicht alles, was der «Gute» getan hat: Hiroshima und Nagasaki, die schrecklichen Bombardierungen der deutschen Städte, Frankreich und Großbritannien waren Kolonialmächte, usw. Doch die Bombardierung von Dresden wird unterschiedlich eingeschätzt, je nachdem ob man von einem gerechten Kampf ausgeht oder ob man beide Seiten gleichermaßen für verantwortlich hält. Das gilt auch für den Israel-Palästina-Konflikt. Wenn Sie von einer 3 000 Jahre währenden jüdischen Besiedelung Palästinas ausgehen, oder davon, dass Gott dieses Gebiet den Juden vermacht hat, analysieren Sie die heutigen Ereignisse anders, als wenn Sie die jüdische Besiedlung als kolonialistischen Akt betrachten.

Was mich am meisten stört, wenn ich gewisse Intellektuelle über den Konflikt reden höre, ist, dass sie ihre universalen Prinzipien, die sie ansonsten immer vertreten, über den Haufen werfen und stattdessen ethnische, religiöse oder kulturelle Argumente vorbringen (Solidarität des Westens). Sie sind mit Israel solidarisch, obwohl sie anderswo jede über 40 Jahre dauernde Besetzung verurteilen würden ...

Wenn man den Israel-Palästina-Konflikt anspricht, heißt es immer wieder, dass über andere Konflikte wie in Tschetschenien, Darfur, Kongo, Tibet, usw. wesentlich weniger berichtet wird. Wofür steht Palästina?

Die Konflikte, die unsere Generation mobilisiert haben – Südafrika, Vietnam, Chile, usw. –, waren aus vielerlei Gründen symbolhaft, insbesondere aber, weil sie am Schnittpunkt zwischen Norden und Süden,

Okzident und Orient standen. Es waren antikolonialistische Konflikte, der Süden erhob sich gegen den Norden. Jedermann konnte sich damit identifizieren; die Anzahl der Opfer spielte hierbei nicht die entscheidende Rolle. Es ist wahr, dass es in Darfur oder im Irak mehr Opfer gibt als in Palästina. Aber Palästina ist ein symbolischer Konflikt, so wie Südafrika es war. Wir erinnern uns der Worte der Apartheid-Regierung: «Bitte, was wir machen, ist vielleicht nicht so gut, aber die Diktaturen in Afrika sind schlimmer.» Palästina ist Ausdruck für die zwei Jahrhunderte andauernde westliche Dominanz der Welt und die Revolte der Kolonien oder der Unterdrückten dagegen. In diesem Sinne mobilisiert uns Palästina, da muss man noch nicht einmal die Dauer des Konflikts in Betracht ziehen. Kein anderer Konflikt währt bereits über ein Jahrhundert. Nehmen Sie als Beispiel die Kolonisierung Australiens und Neuseelands. Dort haben die Siedler die Eingeborenen ausgelöscht und damit sozusagen das Problem gelöst. In Palästina hingegen sind die Eingeborenen immer noch präsent.

Nach dieser Logik darf man dieses Thema nicht aufgreifen, ohne zu riskieren, des Antisemitismus beschuldigt zu werden. Gibt es ein Mittel gegen diesen verkrampften Umgang?

Das ist in der Tat schwierig. Tatsache ist: Man muss zwischen der Politik Israels und der jüdischen Gemeinschaft unterscheiden, auch wenn ein Teil davon sich auf Israel beruft. Es herrscht eine Art Weisung vor, Israel wegen des Genozids im Zweiten Weltkrieg nicht kritisieren zu dürfen. Ich sehe aber Israel nicht als «Erben des Genozids», der das Alleinrecht darauf hat. Wir alle sind «Erben des Genozids», Juden und Nichtjuden, er gehört niemandem, und schon gar nicht dem Staate Israel. Es ist bedauerlich, dass Menschen, die angeblich das palästinensische Volk unterstützen, dem Negationismus verfallen und damit die israelische Propaganda unterstützen, die behauptet, wer Israel kritisiere, leugne auch den Genozid an den Juden. Man kann durchaus diesen Negationismus bekämpfen und zugleich die israelische Politik kritisieren, die eine Politik der Unterdrückung eines Volkes darstellt.

**Noam Chomsky schreibt, dass «die Leute mehr und mehr die Staatspropaganda annehmen, sie verinnerlichen und diese dadurch zur Basis für die nachfolgende Debatten wird.»
In der Tat scheint es, als ob die kolonialistische Dimension des Zionismus aus der offiziellen Geschichtsschreibung zu verschwinden droht.**

Ja, diese wurde dank des Genozids, wenn man das so sagen darf, ausgeblendet. Die zionistische Bewegung steht ganz und gar im Zeichen des kolonialistischen Gedankenguts. Im Übrigen hat sie dies um die Jahrhundertwende ins 20. Jahrhundert auch nicht verhehlt. Sie sah sich als westliche Avantgarde gegen die Barbaren. Und ihre Praxis ähnelt allen Kolonialisierungen: Die Eingeborenen werden vertrieben. Diese Dimension wurde von vielen ausgeblendet, auch von solchen, die gegen den Algerienkrieg gekämpft haben. Diese hatten, den Genozid vor Augen, vergessen, dass Israel als politische, militärische und wirtschaftliche Struktur bereits 1939 entstanden ist und damals der Genozid nicht dafür maßgebend sein konnte. Dieser kolonialistische Aspekt wurde unterschlagen, und vielleicht wäre er, wenn man 1967 echte Grundsteine für einen palästinensischen Staat neben Israel gelegt hätte, auch nicht mehr so wichtig. Aber je länger dieser Konflikt andauert, desto mehr tritt der kolonialistische Aspekt wieder hervor. Einerseits weil er – gemeinsam mit dem Aufrücken der ehemaligen Kolonien Indien und China an die Weltspitze – entscheidend für die Debatten um die Welt von morgen ist, andererseits weil er sich zunehmend auch ganz konkret vor Ort manifestiert, wo die «weißen» Siedler die einheimische Bevölkerung vertreiben.

Zwischen der Geschichte, die unser Protagonist Mahmoud Abu Srour erzählt, und der Veröffentlichung dieses Buches liegt die «Operation Gegossenes Blei», im Rahmen derer die israelische Armee Ende 2008 Gaza überfiel. 1400 Menschen, darunter 300 Kinder und über hundert Frauen, wurden innerhalb eines Monats getötet. Auf israelischer Seite starben 13 Menschen, darunter zehn Soldaten. Der französische Philosoph Bernard Henri-Lévy sagte dazu: «Nicht die Brutalität der Israelis erstaunt, sondern ihre lange Zurückhaltung.»

Und André Glucksmann, ebenfalls ein bekannter französischer Philosoph, meinte zu der Intervention: «Es scheint mir nicht unangemessen, dass man überleben will.» Wie beurteilen Sie dieses Ereignis heute?

Die anhaltende Besetzung führt zu einem moralischen Zerfall Israels. Die israelische Regierung und ein nicht zu vernachlässigender Teil der Bevölkerung sind der Meinung, im Kampf gegen die Palästinenser sei jedes Mittel legitim. Seit einigen Jahren gilt die «Dahiya-Doktrin». Dahiya ist ein Vorort südlich von Beirut, in dem das Hauptquartier der Hisbollah liegt. Das heißt: Ein Stadtviertel oder ein Dorf wird vollständig zerstört, wenn es «Terroristen» beherbergt, die von dort auf Israel feuern. Juristisch gesehen ist dies ein Kriegsverbrechen, da gibt es keine andere Deutung. Übrigens ist der unverhältnismäßige Einsatz von Gewalt auch ein Kriegsverbrechen. Glucksmann und Lévy können wohl behaupten, dass sie nicht wissen, was unverhältnismäßig heißt, aber als es in Jugoslawien oder in Tschetschenien geschah, wussten sie es sehr wohl ...

Netanyahu, israelischer Ministerpräsident, ging im Zusammenhang mit der Veröffentlichung des Goldstone-Berichts zum Gazakrieg gar so weit zu behaupten, dass sie erstens keine Kriegsverbrechen begannen hätten und man zweitens die internationalen Regeln des Krieges ändern solle, um den Terrorismus wirksam bekämpfen zu können. Man fragt sich, wieso man die Regeln ändern muss, wenn doch keine verletzt wurden ... Im Grunde genommen müsste man sie ihm zufolge ändern, weil es verboten ist, ganze Bevölkerungen als Geisel zu nehmen, so wie es die Israelische Armee tagtäglich praktiziert. Und zwar mit Soldaten - nicht alle natürlich -, die sich vor Ort den Palästinensern gegenüber völlig unmoralisch verhalten und sie als Nichtmenschen betrachten.

Wie sehen Sie als Journalist den Umgang mit diesen Informationen durch die sogenannten Medien?

Im Gegensatz zu vielen Leuten, die in der Berichterstattung eine Verschwörung der von der zionistischen Lobby kontrollierten Medien sehen, würde ich sagen, dass sich die Haltung der Medien in den letzten Jahrzehnten verändert hat. Ich habe den Sechstagekrieg 1967 in Frankreich erlebt. Die Medien vertraten damals hauptsächlich den israelischen Standpunkt. Kritik kam nur von der kommunistischen Partei und von General de Gaulle. Diese Einmütigkeit hat sich nach und nach verändert. Das Bild vom israelischen David gegen den arabischen Goliath wendete sich in den 80er Jahren, als der palästinensische Kampf in den besetzten Gebieten ins Licht der Öffentlichkeit rückte. Nach dem Libanonkrieg 1982 und der ersten Intifada 1987 kippte es sogar. Bis ins Jahr 2001 wurde dann im Großen und Ganzen - schließlich gibt es in den Medien nie nur eine Meinung - einigermaßen objektiv über den Konflikt berichtet, und zwar aus einem einfachen und verständlichen Grund: Wer als Journalist über die Intifada berichtet oder 1982 den Beiruter Bombenhagel erlebt, steht gezwungenermaßen auf der Seite der Opfer. Kaum ein Journalist wird da die Angreifer unterstützen. Zwischen 2001 und 2003 ändert sich dies dann und eine neue Lesart des Konflikts setzt sich durch: Die Auseinandersetzung dreht sich nicht mehr um den Kampf zwischen Besatzern und Unterdrückten, sondern um die weltweite Bekämpfung des Terrorismus. Und im Krieg gegen den Terrorismus ist alles erlaubt. Man denke nur an den Einsatz der Folter durch die Amerikaner im Irak. Die Terroristen sind keine Menschen mehr, sondern Untermenschen, die man foltern und töten kann.

Sie schreiben auch, dass die Bezeichnung Terrorismus sich überhaupt nicht eignet, um die Widerstandsbewegungen zu erklären. Was meinen Sie damit?

Der Terrorismus ist eine Art Widerstand, der aus moralischer Sicht verurteilt werden kann. Es gibt keine allgemein verbindliche Definition von Terrorismus, aber sagen wir mal, es handelt sich um Angriffe auf Zivilisten, zum Beispiel in Form von Bombenanschlägen in Cafés oder Selbstmordattentaten. Diese Art von Kampf hat es schon immer gegeben und sie wurde von allen Befreiungsbewegungen angewandt: von der FLN in Algerien, von zionistischen

Gruppen – die keine Befreiungsbewegungen sind – zwischen 1943 und 1947 und vom ANC in Südafrika. Amnesty International hatte sich geweigert, Nelson Mandela als Gewissensgefangenen anzuerkennen, weil er den bewaffneten Kampf befürwortete. Damals brandmarkten ihn die südafrikanische Regierung, Thatcher und Reagan als Terroristen. Heute wird er von denselben Leuten als Heiliger verehrt. Wenn man von Terrorismus spricht, muss man zuerst den Staatsterrorismus anprangern, wie ihn zum Beispiel die USA im Irak, Israel in den besetzten Gebieten oder Saddam Hussein gegen sein eigenes Volk vollführen. Er stellt die größere Gefahr dar. Hat man einmal akzeptiert, dass sowohl die Hamas als auch die israelische Armee terroristische Methoden angewandt haben, was folgt daraus?

… man benutzt dasselbe Wort für ihr Handeln, also stellt man beide auf dieselbe Ebene.

Vor allem ihre jeweilige Lage kann ich nicht auf dieselbe Ebene stellen. Ich kann auch die französische Armee in Algerien nicht mit der FLN, einer Widerstandsgruppe, auf dieselbe Ebene stellen. Außerdem kann man einen organisierten Staat nicht mit einer Widerstandsbewegung gleichsetzen. In Israel und den besetzten Gebieten ist der Terrorismus der Schwachen das Resultat der israelischen Politik. Man kann beide Seiten nicht auf dieselbe Ebene stellen, als hätte man es mit zwei Staaten mit denselben politischen und militärischen Möglichkeiten zu tun.

Nach den Attentaten von Madrid 2004 sagte der israelische Botschafter in Frankreich, dass Israel ein Vorposten in einem Krieg sei, der nicht zwischen Zivilisationen stattfände, sondern einen Kampf aller Zivilisationen gegen die Barbarei darstelle. Dieselben Sprüche hörte man wieder nach dem Angriff auf Gaza. Der «clash of civilizations» steht im Zentrum dieser Rhetorik.

Seit dem 11. September wollen einige Verantwortliche der ehemaligen Bush-Regierung, die Neokonservativen, zusammen mit etlichen israelischen Verantwortungsträgern aus diesem Konflikt einen Zivilisationskonflikt machen, einen Konflikt zwischen der Barbarei und der Zivilisation, zwischen Islam und Abendland. Das ist der typische kolonialistische Diskurs. Als Frankreich im 19. Jahrhundert die «Wilden» in Afrika «befriedete», behauptete man auch, dass man gegen menschenfressende Barbaren kämpfte, die ihre Frauen misshandelten. Man ging sogar so weit zu sagen, dass man gegen die Sklaverei kämpfte. Das ist also wirklich nichts Neues.

Was man auch immer von der Politik Barack Obamas halten mag, deren Grenzen in Palästina und Afghanistan sichtbar sind, stellt man doch eine Veränderung der amerikanischen Politik fest. In Kairo hat er im Mai 2009 nicht einmal das Wort Terrorismus in den Mund genommen, er hat sogar die Hamas erwähnen lassen... Man muss auf eine Änderung der Politik der Regierungen hoffen, doch das ist nicht genug. Was in der Schweiz mit der Volksinitiative gegen Minarette passierte, ist beunruhigend und zeigt, wie sehr die Debatte um die islamistische Gefahr die europäische Bevölkerung bewegt.

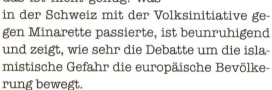

George Habash hat erklärt, dass Sympathisanten der PFLP (Volksfront zur Befreiung Palästinas), die sozialistisch und laizistisch ausgerichtet war, vom Islamismus angezogen wurden. Wie interpretieren Sie dieses Erstarken der Religion in den letzten Jahren, insbesondere den Wahlsieg der Hamas, um sich hier auf die Palästinenser zu beschränken?

Den Niedergang von nationalistischen, kommunistischen und sozialistischen zugunsten islamistischer Bewegungen kann man im gesamten Nahen Osten beobachten. Das hat verschiedene Gründe. Der offensichtliche Grund des Wahlsieges der Hamas im Januar 2006 war die grassierende Korruption in der Fatah und der palästinensischen Autonomiebehörde. Zum anderen ist die Verhandlungsstrategie der Fatah mit Israel gescheitert. Doch obwohl die Menschen in Palästina heute religiöser sind als vor 20 Jahren, glaube ich nicht, dass sie sich ein Taliban-Regime wünschen. Dennoch ist es eine Tatsache, dass die Menschen sich umso stärker Religion und Tradition zuwenden, je prekärer ihre Lebensumstände sind. Dieses Phänomen kennt man aus anderen Gesellschaften: der Rückzug auf sich selbst und auf die Religion in einer in Krisenzeiten. Man kann das bedauern und sich statt der Hamas eine linke Bewegung an der Spitze der Palästinenser wünschen. Doch darüber entscheiden nicht wir. Wir müssen denen misstrauen, die sagen: Weil es Islamisten sind, ist ihr Kampf nicht akzeptabel. Das haben sie schon in den 70ern zur PLO gesagt. Die Hamas ist eine Widerstandsbewegung, und in diesem Zusammenhang muss auch daran erinnert werden, dass die Widerstandsbewegungen in der arabischen Welt oft religiös motiviert waren, bevor sie in den 20er und 30er Jahren nationalistisch und laizistisch wurden. Und als reaktionäre und religiöse Gruppen wurden sie von den Kolonialisten an den Pranger gestellt, und «wir», als Laizisten, waren somit berechtigt, sie zu zivilisieren.

Man hört immer wieder, dass diejenigen, die den antikolonialistischen

**Kampf unterstützt haben, von der heutigen Situation in den unabhängig gewordenen Ex-Kolonien enttäuscht sind. Der Vormarsch der Religion in einem Kampf, der ursprünglich für mehr Gerechtigkeit geführt werden sollte, verwischt die Spuren und schwächt die Solidarität.
Die individuellen und kollektiven Initiativen bleiben marginal und haben kein politisches Gewicht mehr. Was kann man tun, damit die heutige Generation sich einbezogen fühlt?**

Die Dekolonisierung ist nicht einmal 50 Jahre alt. Das ist eine kurze Zeitspanne. Die antikolonialistischen Bewegungen zahlen den Preis für 200 Jahre Kolonialismus. Viele Europäer sind desillusioniert von diesen Bewegungen und bereuen bisweilen, diese unterstützt zu haben. Das ist absurd. Die antikolonialistische Bewegung ist das große Ereignis des 20. Jahrhunderts, sie ermöglichte der Mehrheit der Menschheit, ihr Schicksal selbst in die Hand zu nehmen. Ohne diese Bewegung wäre der Aufschwung, den man heute in China, Indien, Brasilien, Südafrika, usw. beobachten kann, undenkbar. Diese Länder werden nun zu Akteuren auf der Weltbühne. Man darf nicht vergessen, dass der Kolonialismus auch ein Zerstörungsunternehmen war: Indien und China, wo sich im 18. Jahrhundert 80 % der verarbeitenden Industrie befanden, hat der Kolonialismus samt ihrer Wirtschaft zerstört. Man musste alles wieder aufbauen. Als die Unabhängigkeit erlangt wurde, hatte man Illusionen, das ist wahr, man dachte, jetzt wäre alles einfach. Im Gegenteil, es wurde extrem hart. Doch seit ein paar Jahren wächst die Dritte Welt wieder, nicht auf der Grundlage sozialistischer Ideale, wie man hätte annehmen können, sondern durch eine selbstbestimmte Politik. Und dies wäre ohne die antikolonialistische Bewegung nicht möglich gewesen.
Heute wird die Geschichtsschreibung des 20. Jahrhunderts auf den Gulag, das Scheitern des antikolonialistischen Kampfes und der emanzipatorischen Hoffnungen reduziert. Doch am Wichtigsten scheint mir, und das ist dem 20. Jahrhundert zu verdanken, dass die Nationen, die als unreif und regierungsunfähig galten, heute selbst über ihr Schicksal entscheiden.

Interview vom 8. Dezember 2009,
geführt von M. Le Roy

Alain Gresh ist seit 1995 Mitglied der Chefredaktion der Monatszeitschrift *Le Monde diplomatique*. Er lebt in Paris.
Auf Deutsch ist von ihm erschienen: ISRAEL- PALÄSTINA, HINTERGRÜNDE EINES KONFLIKTS, Unionsverlag, 2009.

LITERATURLISTE ZUM NAHOSTKONFLIKT

Arrigoni, Vittorio: GAZA – MENSCH BLEIBEN DEZEMBER 2008 – JULI 2009, RESTIAMO UMANI
(Zambon, Giuseppe, 2009, ISBN 978-3-88975-157-7)

Falke, Simon: FRIEDEN AM ZAUN? ISRAELS SICHERHEITSKULTUR UND DIE ABGRENZUNG ZUM WESTJORDANLAND
(Tectum, 2011, ISBN 978-3-8288-2733-2)

Fariborz, Arian: ROCK THE KASBAH – POPMUSIK UND MODERNE IM ORIENT
(Palmyra, 2010, ISBN 978-3-930378-84-5)

Finkelstein, Norman: ISRAELS INVASION IN GAZA
(Edition Nautilus, 2011, ISBN 978-3-89401-737-8)

Flottau, Heiko: DIE EISERNE MAUER, PALÄSTINENSER UND ISRAELIS IN EINEM ZERRISSENEN LAND
(Links, Ch, 2009, ISBN 978-3-86153-515-7)

Gresh, Alain: ISRAEL– PALÄSTINA, HINTERGRÜNDE EINES KONFLIKTS
(Unionsverlag, 2009, ISBN 978-3-293-20451-5)

Hass, Amira: MORGEN WIRD ALLES SCHLIMMER, BERICHTE AUS PALÄSTINA UND ISRAEL
(Beck, C H, 2006, ISBN 978-3-406-54968-7)

Herz, Dietmar: PALÄSTINA, GAZA UND WESTBANK – GESCHICHTE, KULTUR, POLITIK
(Beck, C H, 2003, ISBN 978-3-406-49452-9)

Makdisi, Saree: PALÄSTINA – INNENANSICHTEN EINER BELAGERUNG
(Laika, 2011, ISBN 978-3-942281-90-4)

Nusseibeh, Sari: EIN STAAT FÜR PALÄSTINA?
(Kunstmann, 2012, ISBN 978-3-88897-752-7)

Rebenstorf, Hilke: SOZIALER WANDEL UND DEMOKRATISCHE KULTUR
EINE EXPLORATIVE STUDIE MIT JUGENDLICHEN IN ISRAEL UND DER WESTBANK
(LIT, 2009, ISBN 978-3-643-10018-4)

Segev, Tom: ES WAR EINMAL EIN PALÄSTINA
JUDEN UND ARABER VOR DER STAATSGRÜNDUNG ISRAELS
(Pantheon, 2006, ISBN 978-3-570-55009-0)

Belletristik

Farhat-Naser, Sumaya: THYMIAN UND STEINE
(Lenos, 2008, ISBN 978-3-85787-719-3)

Farhat-Naser, Sumaya: VERWURZELT IM LAND DER OLIVENBÄUME
(Lenos, 2005, ISBN 978-3-85787-688-2)

Khalifa, Sahar: HEISSER FRÜHLING
(Unionsverlag, 2010, ISBN 3-293-00381-8)

Khalifa, Sahar: DAS ERBE
(Unionsverlag, 2003, ISBN 3-293-00295-1)

Shehadeh, Raja: WANDERUNGEN IN PALÄSTINA,
NOTIZEN ZU EINER VERSCHWINDENDEN LANDSCHAFT
(Unionsverlag, 2011, ISBN 978-3-293-20521-5)

Graphic Novels:

Delisle, Guy: AUFZEICHNUNGEN AUS JERUSALEM
(Reprodukt, 2012, ISBN 978-3-943143-04-1)

Folman, Ari/Polonsky David: WALTZ WITH BASHIR
(Atrium, 2009, ISBN 978-3-85535-136-7)

Modan, Rutu: BLUTSPUREN
(Edition Moderne, 2010, ISBN 978-3-03731-070-0)

Sacco, Joe: GAZA
(Edition Moderne, 2011, ISBN 978-3-03731-050-2)

Sacco, Joe: PALÄSTINA
(Edition Moderne, 2009, ISBN 978-3-03731-080-9)